AF359683

DECLARATION
DE MADAME
LA DVCHESSE
DE LORRAINE.

NICOLE par la grace de Dieu, Ducheſſe de Lorraine & de Bar ; A tous ceux qui ces preſentes lettres verront: Salut. De tous les malheurs qui depuis quelques années nous ont affligée, ſoit entre noſtre Eſtat, ou en noſtre Perſonne, nous n'en auons point eſprouué vn plus ſenſible que de nous voir priuée des bonnes graces de noſtre tres-cher, & tres-honnoré Eſpoux, & de connoiſtre la mauuaiſe volonté qu'il nous

A

porte , ſans luy en auoir donné aucun ſujet. L'honneur & le reſpect que nous luy auons toujours rendu , & que nous luy voulons rendre toute noſtre vie , le lien du ſang, & du Sacrement qui nous a conjoincts , & le dot de deux belles Souuerainetez que nous luy auons apportées en Mariage , nous deuoient auec raiſon faire eſperer vn plus fauorable traictement. Mais la malice de certains eſprits mal faits, qui le poſſedent depuis quelque temps , & la paſſion illicite dont il s'eſt laiſſé préoccuper l'eſprit, ont tellement eſtouffé dans ſon ame les mouuemens de ſon bon naturel , qu'il ſe fait violence à luy-meſme pour deferer tout aux ſuggeſtions eſtrangeres qui forcent ſes inclinations. Il nous faut cependant reſoudre à la patience , & ſouffrir les fleaux de la main de celuy qui tient le

cœur des Princes, & qui luy oſtera
quelque iour le bandeau qu'il a deuant les yeux, pour luy faire voir à
deſcouuert la ſincere affeċtion que
nous luy portons. Dieu nous eſt à
teſmoin, que ſes afflictions nous ſont
plus inſuportables que les noſtres, &
que le mal qu'il ſe fait à luy-meſmes,
dans ce rencontre ne nous touche
paſ moins, que celuy qu'on luy con-
ſeille de nous procurer, & qu'il n'y a
rien que nous ne fuſſions preſte de
faire pour le contenter, meſme au
préjudice de nos propres intereſts,
pourueu que noſtre honneur, &
noſtre conſcience le peuſſent per-
mettre. Nous aurions volontiers en-
ſeuely nos mal-heurs domeſtiques
dans noſtre douleur, & dans le
ſilence, ſi Dieu ne nous deffendoit
de nous taire en vne occaſion, où
ſous noſtre nom l'on veut abuſer des

Sacremens, & ſpecialement de celuy
qui repreſente l'indiſſoluble liaiſon
de Ieſus-Chriſt auec ſon Egliſe; Eſtant
donc deuëment auertie, & plaine-
ment informée des pourſuites qui
ſe font aupres de ſa Sainčteté, pour
faire declarer nul noſtre Mariage
ſous de faux donner à entendre; &
qu'il s'eſt trouué des Theologiens aſſez ignorans, ou aſſez meſchants,
pour approuuer & fomenter vn ſi
iniuſte deſſein, faiſant vne foy, non
de l'Euangile, mais du temps, & qui
par vne dangereuſe complaiſance,
ſoubſmettant la Loy Diuine aux intereſts humains, flattent la paſſion
de ceux qui eſſayent de faire paſſer
à noſtre prejudice vn concubinage
publique pour vn Mariage legitime.
NOVS A CES CAVSES
auons dit & declaré, diſons & declarons par ces preſentes, que c'eſt

auec vn extréme regret que nous
sommes contrainte d'exposer aux
yeux de toute la Chrestienté beaucoup de choses que nous eussions
mieux aymé enseuelir dans vn eter-
nel oubly : mais n'y ayant rien si iuste ny si naturel, que la deffence de
soy-mesme, nous sommes obligez de
dire ce que nous ne pouuons taire
sans crime , & protestons , que si
dans les procedures qui se feront à
Rome , ou ailleurs, il se passe quelque
chose qui déplaise à nostre tres-cher
& tres-honoré Espoux ; ce sera sans
aucune intention que nous ayons de
l'offencer, & que nous ne ferons , ny
dirons que ce qui sera necessaire pour
faire voir la iustice de nostre cause,
& de la validité de nostre Mariage
iniustement mis en compromis. Et
pour nous opposer à la dissolution,
qu'il n'est pas loisible à l'homme de

faire de ce que Dieu a vne fois con-
ioinct , en quoy nous perſiſterons
iuſques au dernier ſouſpir de noſtre
vie: En teſmoing dequoy nous auons
ſigné les preſentes de noſtre main,
fait ſeeller de noſtre ſeel, & ordonné
au Secretaire de nos Commande-
mens, de les contre ſigner. Fait à Paris.
ce 7. Ianuier mil ſix cens quarante.
Signé NICOLE, Ducheſſe de
Lorraine, Et plus bas pour Secretaire. N. Mengin.

RESPONSE DE MONSIEVR
de Lorraine, à la Declaration de Madame ſa Femme.

CHARLES par la grace de Dieu, Duc de Lorraine, Marchis, Duc de Calabre, Bar, Gueldres, Marquis du Pontamouſſon & de Nommeny, Comte de Prouence, Blamont, Zutphen, Saruerden, Salm, &c. A tous ceux qui verront les preſentes, ſalut : Sur l'aduis qui nous a eſté donné de certain Placard & Libelle diffamatoire publié en forme de Declaration, fauſſement imputé à noſtre tres-chere & tres-ayaymée Couſine Madame la Ducheſſe Nicole de Lorraine, en datte du 7. Ianuier preſente année, contre le bien de nos Eſtats, dignité de noſtre

Perſonne, & ſur tout contre l'honneur de noſtredite tres-chere & tres-aymée Couſine ; auquel nous auons touſiours pris & prenons vn intereſt tres-particulier, de crainte que cette piece ſuppoſée par l'artifice de nos ennemis, à deſſein de noircir ſa reputation, & ietter entre nous les ſemences d'vne inimitié irreconciliable, ne cauſaſt dans l'eſprit de nos ſujects & autres, des impreſſions contraires à la croyance que deſirons qu'ils ayent de ſon bon naturel. A ces cauſes, & par vn effect ſingulier de la ſincere & veritable affection que nous luy portons, Nous auons deffendu & deffendons à tous nos vaſſaux & ſujects, de lire ny tenir ledit Placard, ny d'en eſcouter la lecture, ou en parler en façon quelconque, ſoubs peine à ceux qui s'en trouueront ſaiſis, ou autrement con-

conuaincus , d'eftre chaftiez comme
criminels de leze Majefté au premier
Chef, tels que nous les declarons dés
à prefent, comme pour lors ; Voulons partant, qu'il en foit faite vne
exacte recherche , & que par tout
où ledit Libel fe rencontrera, il foit
laceré & bruflé , comme vn efcrit
pernicieux, deteftable & impie, in-
digne de la gloire de noftre Maifon,
des deuoirs du fang & de la proxi-
mité qui nous lie, & mefmes du rang
& de la condition qui luy faict pre-
tendre dans noftre alliance. Auffi ne
doutons nous pas, que de fon cofté
elle ne faiffe tous les efforts poffibles
pour en fupprimer, ou du moins def-
aduoüer la publication , quoy que
l'eftat où elle eft reduite par l'infide-
lité de ceux qui l'ont portée à fe rendre entre les mains de nos ennemis;
ne luy permette pas d'agir en cette oc-

B

caſion, auec toute la liberté qui ſeroit bien neceſſaire pour noſtre commune ſatisfactiõ; non plus qu'il luy a eſté permis iuſques à cette heure d'employer le credit que ſon mal'heur luy ſemble auoir acquis en faueur de tant de pauures nos bons & fidels ſujects, que l'on a veu perir miſerablement preſque deuant ſes yeux, ſans autre cauſe que de s'eſtre ſacrifiez glorieuſement au ſeruice de leur Prince ſouuerain & ſalut de leur patrie, voulans attribuer à l'oppreſſion, & non pas au manquement de bonne volonté, le peu ou point d'effect qu'ils ont receus de ſon aſſiſtance : Nonobſtant quoy nous leur commandons tres-expreſſément, & ſous les peines ſuſdites, de la cherir, honorer & reſpecter, comme perſonne de ſi grande conſideration, & dont nous voulons proteger la reputation & les intereſts auperil de noftre vie. Proteftant que parmy ceux aufquels nous l'expofons tous les iours, la fin que nous nous en auons propofez , n'eft pas moins de la remettre , & tous ceux de noftre nom dans le poinct où ils doiuent eftre,que de procurer noftre propre reftabliffement : Et afin que nofdits vaffaux & fujets cognoiffent en cecy la pureté de nos intentions, Nous ordonnons, que les prefentes feront publiees & enregiftrees par tous les lieux de noftre obeïffance, & à tous Iuges & Officiers de faire le deub de leurs charges , pour les mettre en execution ponctuellement. A l'effect dequoy nous mandons & donnons commiffion à nos tres-chers & feaux Confeillers d'Eftat , & Commis à l'adminiftration de la Iuftice fouueraine en nos Païs & direction de noftre Domaine,

B ij

d'en attefter les coppies imprimees , ou efcrites à la main, lefquelles nous voulons eftre de mefme foy & valeur que le prefent original ; CAR AINSI NOVS PLAIST: En foy de quoy nous l'auons figné de noftre main , & ordonné à l'vn de nos Secretaires d'Eftat de le contrefigner , & d'y appliquer le Seel fecret de nos Armes. Donné au quartier general du Pont de Loup, ce premier Feurier mil fix cens quarante. Signé CHARLES , Et plus bas pour Secretaire I. le Moleur.

NARRÉ VERITABLE,

de ce qui s'est passé sur la fin du regne de Henry second, Duc de Lorraine & de Bar, & pendant celuy de Charles quatriéme, auant sa sortie de ses Estats; touchant la succession en faueur de la ligne masculine, & la nullité du pretendu Mariage d'entre son Altesse, & Madame la Duchesse Nicole de Lorraine.

HENRY second, Duc de Lorraine & de Bar, se voyant sans enfans masles, & ses Duchez en termes de tomber entre les mains du Comte de Vaudemont son frere, & des Princes ses fils, qui en estoient les seuls & legitimes heritiers présumptifs, porté d'vne haine naturelle contre eux, & d'vne passion extraordinaire de faire regner ses

Il sçauoit bien le contraire par l'exemple d'Ysabeau fille de Charles. 2.

Iamais du viuant de Henry l'on ne reuoqua en doute, que Madame laPrincesse Nicole sa fille aisnée ne luy deut succeder & sur ce fondement

filles à leur exclusion, comme aussi d'aduancer demesurément la fortune de Louys de Guize, depuis nommé Baron d'Anceruille, & Prince de Phalzbourg, resolut de luy donner en Mariage la Princesse Nicole sa fille aisnée, & de les establir par force en la possession desdits Duchez.

Henry le Grand Roy de France, la demandoit en mariage, pour Monsieur le Dauphin qui est aujourd'huy Louys 13. dit le Iuste.

Il n'y en eut iamais de telle en Lorraine.

Ce qu'il ne pouuoit faire auec iustice, pour estre contre les Loix fondamentales, & anciennes Constitutions de l'Estat, confirmées.

2 Ce n'est pas regle certaine. L'arche fut prise par les Philistins. Le Roy Don Sebastien de Portugal par les Maures d'Afrique

I. Par vn Arrest du Ciel, en cette fameuse iournée de Bulgneville, où Dieu & la victoire se declarerent en faueur de la Ligne masculine.

II. Par le Regne du Duc René succedant immediatement à son Pere, & de son chef, du viuant de sa Mere, de laquelle pourtant il eust deu re-

3 Recours à l'Histoire.

prendre ſes Eſtats , en cas que les femmes euſſent eſté capables de les poſſeder.

III. Par le Teſtament du meſme Duc René , lequel eſtant reſté ſeul de la maiſon de Lorraine , tenoit enclos , & reunis en ſa perſonne tous les droits de l'vn & de l'autre ſexe , en vertu deſquels, & de çeluy des armes, comme ayant de viue force , & l'eſpée à la main , reconquis ſon Eſtat, il y pouuoit eſtablir telles Loix, & forme de Gouuernement que bon luy ſembloit.

I V. Par le conſentement des trois Ordres, qui receurent & iurerent ledit Teſtament, meſmes apres la mort du Teſtateur , & lors que ſon authorité ne les pouuoit plus contraindre à ſuiure ſes inclinations.

5. Et en dernier lieu, par vn acte ſolemnel du Duc Anthoine ſon fils,

lequel eftant malade à l'extremité, declara fon feul & legitime heritier à fes Eftats Claude fon frere, à l'exclufion d'vne fille vnique qu'il auoit lors; luy ayant legué pour tous biens quelques meubles & joyaux, outre vne Terre de peu d'importance, qu'il pria fondit frere fucceffeur, de luy laiffer par forme d'appennage.

Doncques la pretention du Duc Henry derogeant à des droicts fi clairs, & fi peu difputables, pour la faire reüffir; on employa toute forte de refforts, les plus puiffants & conuenables, comme de pratiquer l'appuy des Rois & Princes voifins; nourrir la Princeffe Nicole dans les inclinations de fon pere; mettre le Baron d'Anceruille en confideration, dedans & dehors le païs; intereffer la plus-part de la Nobleffe à fon agrandiffement, & par vne ma-

xime

xime ordinaire en de femblables def-
feins, exterminer tous ceux qui pouuoient y faire obftacle.

Le Comte de Vaudemont perfe-
cuté par toutes fortes de mauuais
traittemens, de mefpris & d'iniures,
prit le party de fe deffendre par la
patience, iufques à ce que pour affeu-
rer fa vie & fa liberté, il fe vit con- *Tout cela eft vne fable.*
traint de fe refugier dans les païs
eftrangers, & ce auec tant de preffe
& de precipitation, qu'il n'euft pas le
temps de mettre en lieu de feureté,
fa femme & fes enfans, abandon-
nez en l'vne de fes Maifons, à la dif-
cretion de fes ennemis.

Lefquels encouragez par fon ab-
fence, porterent les chofes à cette
extremité, que d'en venir iufques
aux promeffes & Contract de Mariage de la Princeffe Nicole & du
Baron d'Anceruille ; & le mal

alloit s'acheuant, ſi l'vn des domeſtiques du Comte de Vaudemont, offencé en ſon honneur par le Miniſtre principal de la faction contraire, n'en euſt arreſté la violence par ſa mort, l'ayant tué en vne rencontre, apres auoir eſſayé pluſieurs fois d'en tirer la raiſon par les voyes accouſtumees à ceux de ſa profeſſion.

Ce coup interpreté de tout le monde, à vn plus haut & plus iuſte reſſentiment que celuy d'vne querelle particuliere, fut approuué generalement par les peuples, qui deſia murmuroient hautement de ces menees : mais irrita ſi fort l'eſprit du Duc, & du Baron d'Anceruille, que pour s'en venger ſur les perſones innocentes de la Comteſſe de Vaudemont, & de ſes enfans ; ils furent reſolus de les attaquer, & forcer dans vn Chaſteau où ils eſtoient retirez ; y eftans venus à cét effect auec Infanterie , Cauallerie , & le Canon commandé pour les faire perir en prifon.

Surquoy le Confeil ayant efté tenu, quelques efprits moins violents que les autres, reprefentans les fentimens du peuple , & les dangereufes fuittes, qui pourroient arriuer de cette entreprife, en diuertirent l'execution, & donnerent temps au Baron d'Anceruille , de faire reflexion fur l'exemple du defaftre arriué à fon confident.

Auffi n'ayant plus dans fes Confeils le plus ardent inftigateur de fon ambition , & confiderant les grandes difficultez qui s'y oppofoient , il fe contenta d'afpirer au Mariage de la Princeffe Henriette, fille du Comte de Vaudemont , laquelle eftoit alors regardée des plus grands Princes de la Chreſtienté.

Quelques temps apres, pendant que le Comte de Vaudemont & le Prince Charles ſon fils eſtoient eſcartez en diuers lieux hors le païs, pour éuiter la perſecution ; on enuoya propoſer au pere quelque accommodement par le moyen de ce Mariage , & de celuy du Prince Charles auec la Princeſſe Nicole. Mais quoy que l'infamie du premier trouuaſt d'abord vne grande repugnance dans ſon eſprit : Si eſt-ce que ſe laiſſant conduire à la neceſſité du temps, & pour empeſcher que ſon droiĉt ne tombaſt en compromis auec ceux qui diſpoſoient alors de l'authorité ſouueraine ; il preſta l'oreille à cét expedient, r'appella ſon fils, peu ſçauant de toutes ces pratiques , & retourna pres de la perſonne du Duc ſon frere.

Là il fut contraint de passer à tout ce qu'on voulut ; & au lieu de se voir maintenu dans ses justes pretentions, il en fut despoüillé absolument par vn traicté honteux & tyrannique, renuersant entierement les Loix fondamentales de l'Estat, à la ruine de la tranquilité publique de son honneur, de celuy de ses enfans, & de toute sa maison.

Aux trois articles precedens il est amplement respondu, dãs la responce à ce present Manifeste.

De la mesme violence qu'il souffrit en cette occasion il en vsa vers ses enfans , sur lesquels il s'estoit tousjours conserué vne authorité absoluë,& plus que paternelle;toutesfois, bien que le bas aage du Prince Charles ne semblast pas capable d'aucune volonté particuliere, ny de resister à celle d'vn pere, auquel il auoit rendu iusques à là des submissions aueugles: Si est-ce que dans l'horreur qu'il conseut de ce Mariage, & par vn mouuement secret , dont la cause est cachée dans le Ciel , & dans les ressorts de la Prouidence, il refusa de luy obeïr en ce poinct; & pour le faire resoudre à y donner quelque apparence de consentement ; il fallut qu'il luy promist de disposer les choses en telle forme, qu'il seroit aisé de les deffaire , comme nulles, ne demandant de luy qu'vn peu de patience, iusques à ce que le changement de reygne le mist en liberté.

A l'effect dequoy le mesme iour du traicté ils protesterent formellement l'vn & l'autre de violence, & de nullité de tout ce qui s'estoit passé, où se passeroit, & en firent dresser vn acte authentique, accompagné de toutes les solemnitez requises , lequel ils renouuellerent quelques annees depuis.

D'autre-part, la Princesse Nicole

préocupée de la mesme auersion, dans laquelle on l'auoit habituée; & se trouuant d'ailleurs bien engagée dans l'affection du Baron d'Anceruille, par vne longue nourriture, & de la volonté de ses Pere, & Mere, qui luy auoient expressément commandé, de l'aymer, & regarder, comme celuy qui deuoit estre son mary, *Galimatias.* ne pouuoit contribuer à ce traicté autre chose du sien, que l'exterieur d'vne fille contrainte & violentée en ses inclinations.

Ce Mariage mal concerté de la sorte, a faict paroistre de iour à autre, & de temps en temps sans interruption des signes manifestes de sa nullité, *Fausseté.* la communication des parties n'en faisant qu'acroistre l'auersion, & les tenir dans des gesnes insupportables, qui faisoient pitié à leurs domestiques, toutes les fois que la bien-

feance & la raifon d'Eftat les obli-
geoit à s'aprocher, y ayant efté con-
traints fouuent par les commande-
mens abfolus & menaces d'vn Pere,
& d'vn Souuerain.

Apres la mort du Duc Henry, il
fembloit que ce changement les deut
affranchir de cette captiuité. Mais le
Comte de Vaudemont, voulant af-
fermir fes affaires, auant que faire ef-
clat de fes juftes pretenfions, iugea à
propos de diffimuler encor quelques
temps, afin de retirer peu à peu toutes les places, & les principales charges & Gouuernemens occupez par
le Baron d'Anceruille & fes crea-
tures.

Cela fut fait deux ans apres la mort de Henry. Ce qu'il ne pût faire que long temps
apres, & auec beaucoup de peine, où
mefmes il fe contenta de declarer les
droits qu'il auoit à la Souueraineté,
les faifant reconnoiftre, & jurer par
les

les Eſtats aſſemblés à cét effect , dont en meſme temps, & par les vœux des meſmes Eſtats , il fit ceſſion au Prince Charles ſon fils, pour les tenir , & poſſeder de ſon Chef, ſans toutesfois qu'il oſaſt encore toucher à la nullité de ſon Mariage, craignant d'effaroucher dauantage l'eſprit de la vefue Doüairiere , laquelle alarmée déja par cette declaration , remüoit ouuertement les reſtes de l'ancienne faction, recherchant à cét effet la protection des Princes eſtrangers , & particulierement celle du Roy de France , lequel dés l'auenement du Duc en ſes Eſtats y tint touſiours de tres-grandes forces , exerçant tous actes d'hoſtilitez. *Le contraire eſt connu de tout le monde, & ne s'eſt fait aucun acte d'hoſtilité que plus de ſix ans apres.*

De ſorte que les ſujets de crainte ne ceſſans pas encor , le jeune Duc ſe voyant menacé par vne Puiſſance ſi voiſine, & ſi grande pendant les em-

D

baras de la Maiſon d’Auſtriche, il demeura touſiours dans ſa premiere diſſimulation, auec tant de geſne & de
contrainte toutesfois, qu’il ne ſe paſ-
ſoit iour que l’on n’en remarquaſt
des preuues toutes viſibles, meſmes
aux yeux du peuple, ſoit par ſepara-
tion de maiſon & de lit, ſoit par des
voyages affectez ſous d’autres pre-
textes;ayant auſſi teſmoigné par toutes ſortes de demõſtrations,& declaré pluſieurs fois,comme il ne ſe tenoit
en façon quelconque lié par ce pretendu Mariage, le reputant nul , &
de nul effect, auec liberté de ſe marier où bon luy ſembleroit , dequoy
meſmes il a fait paroiſtre non ſeulement vne volonté déterminée en general , mais encor quelques deſſeins
formels, & particuliers.

Cela n’eſt paru qu’à l’auteur de cet eſcrit.

Iuſques à ce qu’eſtant deſpoüillé de
ſes Eſtats, par l’inuaſion du Roy de

France , & les armes de ses amis assez
puissantes pour l'assister , comme ses
seruices assez considerables pour les
y obliger , voyant partant que d'vn
costé il n'y auoit rien de pis à craindre, & de l'autre tout à esperer, alors
les Maximes d'Estat ne choquant
plus celles de la conscience, il a veu
que le temps estoit venu de mettre la
sienne en repos, & de recourir à sa
Saincteté, pour la declaration de nullité de ce pretendu Mariage.

Touchant quoy la Princesse Nicole
a tesmoigné long temps auparauant,
auoir la mesme pensée, & volonté,
ne cherchant qu'vne occasion de
rompre ouuertement, comme elle a
fait, pendant les plus sanglantes per-
secutions du Duc, & lors que ses ennemis mesmes faisoient paroistre
quelque sorte de regret, pour l'inju-
stice auec laquele ils le traictoient;

s'eſtant jettée volontairement entre leurs mains, & y ayant touſiours veſcu depuis, auec autant de ſatisfaction, qu'elle en auoit peu receu eſtans enſemble, dont elle ne peut alleguer de raiſon tolerable, ny qui ſauue ſa reputation, ſi elle n'aduoüe qu'elle a touſiours conſideré le Duc, plutoſt comme ſon ennemy, que comme ſon Eſpoux.

Que ſi l'on a veu depuis quelques iours vn certain eſcrit publié en forme de declaration, ſous le nom de cette Princeſſe, ou parmy vne infinité d'iniures, & de calomnies, dont il eſt remply, on a fait entrer quelques proteſtations, qui ſemblent contrarier à la reſolution qu'elle a conſeruée ſi long-temps d'vn entier & parfait diuorce auec le Duc; ceux qui iugent de ce Placard plus auantageuſement pour elle, ne le reçoi-

Il ne s'y trouuera ny iniure ny calomnie.

uent que comme vne piece fuppo-
fée , & libelle diffamatoire contre
fon honneur. Autrement apres vne
alienation de tant d'années deuant,
& depuis fa retraicte en France, pen-
daüt lefquelles on n'a iamais peu tirer
d'elle la moindre marque de fouuenir
ny d'affection vers le Duc, apres l'a-
uoir creu fi fouuent mort & refufcité
fans prendre aucune part , ny au
deüil, ny à la ioye : enfin apres auoir
declaré tant de fois, en diuers lieux,
& à diuerfes perfonnes de foy irre-
prochable, qu'elle n'eftoit, ny vouloit eftre fa femme , il n'y a point
d'apparence, qu'au lieu où elle fe
trouue prefentement, elle ait peu re-
uenir fi brufquement de fes premieres habitudes, ny apprendre en l'ef-
cole des François à vouloir du bien à
celuy qu'ils appellent le Duc Charles.

De forte que cette declaration,

n'eſtant ny fauſſe , ny extorquée , ce que l'on en peut dire de plus veritable eſt, que voyant le Duc engagé pres de ſa Sainĉteté , dans vne affaire importante au bien de ſes Eſtats , & au ſalut de ſon ame , dont il s'eſt remis à ſon iugement par vne ſoubmiſſion digne de ſon zele & de ſa deuotion vers le S. Siege : Elle a creu luy jetter vne pierre d'obſtacle comme vn dernier effort de ſa mauuaiſe volonté, & du deſſein perpetuel qu'elle a de le deſobliger.

RESPONSE DE MADAME

la Ducheſſe de Lorraine au Manifeſte, qui porte pour titre ; Narré veritable de ce qui s'eſt paſſé ſur la fin du regne de Henry deuxiéme, Duc de Lorraine & de Bar ; & pendant celuy de Charles quatriéme auant ſa ſortie de ſes Eſtats, touchant la ſucceſſion en la ligne maſculine ; & la nullité du pretendu Mariage d'entre ſon Alteſſe & Madame la Ducheſſe Nicole de Lorraine.

C'Eſt vne mauuaiſe marque pour vn liure, quand il ne porte point ſur le front le nom de ſon autheur ; & malaiſément vn enfant deſauoüé ſe trouue-il legitime ? Il eſt tombé entre les mains de Madame la Ducheſſe de Lorraine vn petit eſcrit de cette trempe, qui n'a de verité que dans le titre, dont quelque esprit complaisant a voulu flatter la passion de Monsieur son Mary à ses despens, & au préjudice de sa reputation & de sa conscience. Or comme ce beau Manifeste mis en lumiere, ou par commandement, ou par tolerance, se debite en beaucoup d'endroits, & qu'il pourroit donner de mauuaises impressions à ceux qui ne sont pas bien informez de la verité. Madame de Lorraine a voulu destromper tout le monde par cette Response pleine de naïfueté, & dépoüillée de toute sorte d'artifice.

L'intention de ce nouuel Escriuain est d'establir deux maximes comme deux principes. La premiere, que Madame Nicole de Lorraine n'est pas Duchesse & Souueraine de Lorraine & de Bar : mais que ses

Estats

Eſtats appartiennent de droit à Monſieur ſon mary.

La ſeconde , que le Mariage contracté entr'eux, il y a quinze ou ſeize
ans eſt nul. Ie dis qu'il eſtablit ces
deux propoſitions comme Principes;
car il ne les prueue point , ou du
moins , il en donne de ſi mauuaiſes
preuues, qu'il faut eſtre bien credule
pour ſe laiſſer perſuader à des raiſons
ſi mal fondées.

De peur donc de tomber dans le
meſme inconuenient, examinons-les
vn peu par le menu.

La verité ou fauſſeté de cette premiere maxime, qui ſuppoſe, que Madame de Lorraine n'eſt pas Ducheſſe & Souueraine , depend de cette
queſtion : Sçauoir ſi vne fille legitime peut & doit ſucceder à ſon Pere?
Car lon ne doute point que Madame
de Lorraine ne ſoit fille de Henry

E

deuxiéme du nom dernier Duc de Lorraine. Cette queſtion eſt decidée par le droit de nature, par le droit des gens, & par le droit Ciuil ; ou pour mieux dire, elle ne peut pas tomber en queſtion, car il eſt ridicule de demander, ſi vne fille eſt incapable de recueillir la ſucceſſion de ſon Pere : Si l'on me dit qu'il eſt autrement des Eſtats Souuerains que des autres biens ; Ie demande ſi la Souueraineté eſt incompatible auec le ſexe feminin ? Ie ne croy pas que perſonne de bon ſens ne puiſſe maintenir cela, autrement, ie le renuoyerois en Eſpagne, en Angleterre, en Eſcoſſe, en Suede, & en pluſieurs autres païs, ou il verroit la teſte des femmes couronnée auſſi bien que celle des hommes. Il faut donc conuenir, que rien n'empeſche les femmes de ſucceder aux Eſtats Souuerains, non

plus qu'aux autres biens de leurs Peres, si ce n'est qu'il y ait quelque loy
contraire dans l'Estat , ou quelque
ancienne coustume authorisée par le
temps, & par la pratique ordinaire,
& reconnuë par le commun consentement des hommes. De sorte
que le droit successif en faueur des
femelles est la regle,& leur exclusion
est l'exception.

Voyons maintenant s'il y a quelque
loy en Lorraine , qui declare les
femelles inhabiles à succeder à la
Couronne Ducale, & si elles en ont
esté exclües lors que l'occasion s'en
est presentée. Ie permets à ceux qui
tiendront l'affirmatiue, de feuilleter
tous leurs liures pour me trouuer
quelque chose d'approchant de cela,
Et m'offre de plus de leur faire voir
en peu de mots, qu'en l'espace de
cinquante trois ans deux filles ont

fuccedé à l'Eftat de Lorraine.

Il nous faut tirer nos preuues de l'Hiftoire. Ie penfe auoir leu tous les autheurs qui ont traicté de cette matiere; & ie les trouue tous conformes en cette creance, que la Duché de Lorraine tombe en quenoüille.

L'vn met Yfabeau de Lorraine au rang des Ducs de Lorraine, & la fait fucceder à fon frere Charles fecond; voicy comme il en parle : Yfabeau fille de Charles deuxiéme, & de Marguerite fille de l'Empereur Rupert; apres la mort de fes pere & mere fût honorée du titre du Duché de Lorraine & de Marchis, en l'an mil quatre cens trente : Il adioufte encor, que de fon Mariage d'elle & de René d'Anjou, fortit vn fils nommé Iean qui luy fucceda, qu'elle euft plufieurs autres enfans, fçauoir Louis, René, Charles, Yfabeau, Marguerite

& Yoland , laquelle espousa Ferry, fils du Comte de Vaudemont ; Qu'à Iean succeda Nicolas, fils de luy & de Marie de Bourbon ; Que Nicolas mourut l'an mil quatre cens soixante & dix ; & que sa tante Yoland luy succeda l'an mil quatre cens soixante & treize ; & à Yoland le Duc René son fils, en l'an mil quatre cens quatre-vingts-trois. Vn autre parlant de René d'Anjou (qu'il met au rang des Ducs de Lorraine, comme successeur de Charles second son beau-pere) en parle en ces termes : René d'Anjou Duc de Lorraine de par sa femme Ysabeau , fille de Charles le Hardy. Vn autre parlant du Mariage de René d'Anjou auec Ysabeau, allegue entre autres causes de ce Mariage, que Louis Cardinal de Bar ayant adopté son nepueu, & l'ayant declaré son heritier au Duché de Bar, aduisa de le

Nicolas Clement en son liure des Roys d'Austrasie.

Champier en son liure intitulé, Le recueil ou Chroniqne des Histires del Austrasie ou France orientale,

marier auec Yſabeau de Lorraine, fille aiſnée & heritiere du Duc Charles ſecond, afin que par la jonction de ces deux Duchez, les guerres & diſſentions qu'il y auoit euës entre les ſubjets de l'vn & de l'autre peuſſent ceſſer, & que la paix & la tranquillité s'y peuſt eſtablir : Il adjouſte que René fuſt pris en la bataille de Bulgneuille ; qu'il fuſt enuoyé en Bourgongne ; qu'il paya deux cens mil eſcus de rançon au Duc Philippes de Bourgongne, qu'il luy quitta le Val de Caſſel, & pluſieurs autres Terres & Seigneuries qu'il auoit en Flandres & en Bourgongne, & qu'il donna en mariage ſa fille Yoland à Ferry de Lorraine, fils d'Anthoine, Comte de Vaudemont, ſon voiſin & ſon vaſſal à cau- ſe dudit Comté : Que Iean d'Anjou fils de René & d'Yſabeau luy ſucceda au Duché de Lorraine l'an mil quatre

cens cinquante-deux apres la mort
defa mere, & à Iean, Nicolas fon fils
l'an mil quatre cent foixante-fix. Ie
laiffe à iuger au Lecteur non paf-
fionné, s'il y a apparence qu'Anthoine & Ferry victorieux (s'ils euffent
eu le droict de leur cofté)euffent rendu la fouueraineté difputée à René
d'Anjou, vaincu & prifonnier, pour
en jouïr luy & fes defcendans, comme ils firent, & ce par vn Traicté tellement volontaire de la part des vain-
queurs, que l'Hiftoire dit, qu'ils laif-
ferent aller René leur prifonnier fur
fa parole, pour plaider fa caufe deuant l'Empereur Sigifmond? Vn autre dit en termes exprés, que René
d'Anjou par le moyen d'Yfabeau fa
femme fut proclamé Duc de Lorraine. Il s'accorde auec tous les Autheurs cy-deffus, tant en cela qu'en
la guerre meuë entre René & An-

Iean No-
ftradamus
en la 6.
partie de la
Chron. de
Prouence.

thoine, Comte de Vaudemont, en la prison & deliurance de René, & au Mariage de Ferry & d'Yoland, fille de René d'Anjou fait par le Traicté de Paix : Mais il apporte vne autre cause de la guerre faite entre ces deux Princes, que ie ne trouue dans aucun autre Historien ; Pour preuue dequoy il allegue vn vieil escrit en Prouencal dont il cite les propres mots, qui declarent que Ferry fils d'Anthoine auoit enleué Yoland fille de René, & que ce fut la cause qui mist les armes à la main de ces deux Princes, de leur hayne, & du mariage qui se fit en suitte pour couurir l'honneur de la fille. Ie trouue encore dans vn autre Historien vne nouuelle cause de cette guerre ; sçauoir est l'indignation conceuë par René contre Anthoine, de ce que ledit Anthoine son voisin & son vas-

fal

ſal tenoit le party du Roy d'Angleterre , & du Duc de Bourgongne
contre la France. Il dit de plus, que
le traicté de la deliurance de René
d'Anjou fut fait auec le Duc Philippes de Bourgnogne par le Duc de
Bourbon, & le Chancelier de France,
& que les conditions principales furent le delaiſſement du Val de Caſ-
ſen appartenant à René, & le Mariage de Ferry auec Yoland auec
grand dot en argent. Et en tout
cela il ne dit pas vn ſeul mot des
pretentions d'Anthoine ſur la Lorraine ; ce qui pourtant eſt d'aſſez
grande conſequence pour n'auoir
pas eſté oublié.

La Genealogie de Lorraine imprimée en l'an mil cinq cens quarante
neuf; & faite par Aymond de Bou-
lay , Herault & Roy d'Armes du
Duc Charles III. nous éclaircit

F

bien d'auantage fur ce point , nous apprenant, que par deux diuefes fois, René d'Anjou, & Anthoine Comte de Vaudemont , ont eu differend en-femble pour la Lorraine. Le premier pour la Souueraineté & proprieté pretenduë par Anthoine de fon chef, & par René du chef d'Ifabeau fa femme , lequel il dit qu'il fut decidé fauorablement pour Ifabeau au Con-cile de Bafle , où la caufe auoit efté euoquée & declaré , que à faute de fils la fille heriteroit au Duché de Lorraine & païs adiacens à perpetui-té , (ce font fes mots) quoy voyant Anthoine il fonda vne autre querel-le fur l'adminiftration du Duc Iean, lors prefomptif heritier du Duché de Lorraine, de par ladite Ifabeau fa mere fille vnique du Duc Charles II. de par laquelle Ifabeau , ledit Duc René comme fon mary & pere du-

dit Duc Iean , pretendoit admini-
ftrer , à quoy s'oppofoit Anthoine
Comte de Vaudemont, qui alleguoit
comme prochain parent du nom &
des Armes de Lorraine, luy deuoir
plutoft appartenir ladite adminiftration; Ie me fers de fes propres termes afin que l'on en tire cette confequence neceffaire , que Anthoine
demandant l'adminiftration , renon-
çoit abfolument aux pretentions de
la Souueraineté , executant le iugement rendu au Concile de Bafle.
Auffi dans le traicté de Paix & de la
deliurance de René fait prifonnier
d'Anthoine à la bataille de Bulgneuille , il n'eft pas dit vn mot de la pretention d'Anthoine fur la Souueraineté de Lorraine, ce qui deuoit eftre
pourtant le point effentiel s'il y eut eu
quelque prétention ; Et tout ledit
traicté fe reduit en trois articles prin-

paux qui font : Que ledit René
payeroit deux cens mille Rides
ou Florins , au Duc Philippes de
Bourgongne , pour les frais de la
guerre, & luy cederoit la Seigneu-
rie du Val de Caffel , & de l'Ifle en
Flandres : Secondement, que René
renonceroit à l'alliance de France, &
donneroit fa fille Marguerite, en mariage au Roy d'Angleterre ; Et en
troifiefme lieu , qu'il donneroit fa
fille Yoland en mariage à Ferry
Comte de Vaudemont, fils d'Anthoine, auec mariage fuffifant, & ra-
tification irreuocable. Que ladite
Yoland fuccederoit à tous les biens
de René & d'Ifabeau , aduenant le
cas que leur fils, le Duc Iean mouruft
fans hoirs de fon corps, ou faillant la
ligne mafculine & directe dudit Iean,
tout retourneroit à ladite Yoland &
à fes hoirs & ayans caufe, par l'an-

cienne couſtume de Lorraine : Cét
autheur ne s'arreſte pas ſeulement
aux Hiſtoires de la ſucceſſion d'Iſabeau & d'Yoland, pour en tirer des
preuues de la ſucceſſion des femelles
au Duché de Lorraine & de Bar :
mais en remontant plus haut vers la
ſource , il nous en fournit vn bel
exemple en la perſonne de Idde ſœur
de Godefroy le boſſu , femme de
Euſtache de Grenon Comte de
Boulongne , laquelle ſucceda à ſon
frere qui eſtoit mort ſans enfans, ſans
aucune contradiction ny oppoſi-
tion : Cela eſt iuger à mon auis la
queſtion par vne ſuite de temps im-
memorial.

Vn autre parlant de cette ſucceſ- *Matthieu*
ſion dit, que par le Traicté de Paix *en la vie*
entre René d'Anjou & Anthoine & *du Roy*
Ferry, le Duché de Lorraine demeu- *Louis XI.*
ra en effect à René mary d'Iſabeau,

& en esperance à Ferry mary d'Yoland. Et peu apres voicy comme il en parle : Ainsi il ne restoit plus de masles de la branche de Lorraine, il n'y auoit que celle des puisnez de Vaudemont & de Guise. La Loy gardoit le droict de la succession aux filles du Duc René d'Anjou & d'Izabeau de Lorraine. Marguerite Royne d'Angleterre estant prisonniere n'y pretendoit rien. Yoland veufue de Ferry Comte de Vaudemont y succeda. Elle estoit mere de plusieurs enfans, & le droict d'ainesse donna le titre de Lorraine à René: mais Yoland s'en reserua l'authorité & le commandement qu'elle tint dix ans; voicy comme en parle vn autre.

Monstre au 1. vol de ses Chroni chap. 233. Et en ces iours (dit-il) fut fait le Mariage de Regnier d'Anjou, frere du Roy de Sicile, Marquis du Pont, dont par le don du Cardinal de Bar

son oncle, & de la fille & heritiere du
Duc de Lorraine , furent faites les
Nopces reellement au Chastel de
Nancy le Duc, par le moyen de laquelle alliance fut appaisée la grande
discorde , qui de long-temps auoit
esté entre les deux Duchez ; c’est
à sçauoir de Bar & de Lorraine;
car dés-lors & parauant le dessusdit
Cardinal de Bar auoit declaré iceluy
Reignier d’Anjou , son vray hoir &
heritier de la Duché de Bar. Si ces
preuues ne sont claires & concluan-
tes en faueur des femelles ; ie m’en
rapporte à tous ceux , qui sans paf-
sion iugeront de la verité. Il y a encor vn autre Historien, qui prononce bien plus clairement sur ce differend. Il distingue plus amplement
que nul autre, les interests de Philippes Duc de Bourgongne d’auec ceux
d’Anthoine & Ferry, dit que le pre-

mier confiftoit en la rançon de René, comme prifonnier de guerre
qu'Anthoine luy auoit mis entre les
mains à caufe de l'affiftance qu'il luy
auoit donnée, & de la defpence qu'il
auoit faite en la guerre ; Et affeure,
que le differend fur les pretentions
refpectiues de René à caufe de fa
femme, & d'Anthoine de fon eftoc
fur le Duché de Lorraine, fut remis
d'vn commun confentement à l'Empereur Sigifmond au Concile de Bafle, & qu'en prefence du Comte de
Vaudemont & de René, qui auoit
efté mis en liberté pour vn temps
fur fa parole ; fentence fut donnée
par l'Empereur & par les Princes
de l'Empire en faueur de René, auquel de par fa femme fut adiugé le
Duché de Lorraine. Pour preuue
de fon dire il allegue des lettres
qui fe trouuoient encor de fon temps

au

au Pont à Moufſon, & d'autres encor eſcrites par Maiſtre Guillau-
me Chancy, qui eſtoit pour lors au
Concile de Baſle en qualité de Procureur du Chapitre de Verdum , eſcrites audit Chapitre , dont il inſere
la copie tout du long : Leſdites lettres dattees du ving-ſeptiéme Auril,
mil quatre cens trente-quatre ; leſ-
quelles donnent auis de ladite Sen-
tence , & du iour qu'elle fut renduë
& prononcée.

Vn autre dont la foy ne peut eſtre
ſuſpecte & tres-affectionné aux
Princes de Lorraine, dit, que René
fils de Yoland ſucceda à Nicolas par
la ceſſion que ſa mere luy fit de ſon
droict, à cauſe de l'inclination de ſes
ſubjets, & qu'il ſembloit que l'Eſtat
des affaires de Lorraine le requiſt
ainſi ; droict qui ne luy pouuoit eſtre
conteſté, pour auoir eſté la queſtion

Ni. Rhemy
proc. gen.
de Lorr. au
liure des
choſes ad-
uenuës en
Lorraine,
depuis le
deceds du
Duc Ni.
iuſques à
celuy de
René.

G

iugée en la perſonne d'Iſabeau, contre les pretenſions d'Anthoine Comte de Vaudemont ; le differend duquel auec Iſabeau fut iugé fauorablement pour elle au Concile de Baſle. Il prouue encore la ſucceſſion feminine en Lorraine par la relation des Fiefs ſeruants au Fief dominant: ſon affection vers les Princes de Lorraine n'a iamais eſté reuoquée en doute : Il ſe trouue encor de ſes liures, bien que le Comte de Vaudemont depuis cette nouuelle introduction de la Loy Salique en ayt faict ſupprimer tous les exemplaires qu'il a pû. La Genealogie des Ducs de Lorraine faite par Godeffroy, & imprimée l'an mil cinq cens vingt-quatre, iuſtifiée par bons titres, met Iſabeau de Lorraine au rang des Ducs, & la faict immediatement ſucceder à Charles ſon Pere, & Yoland ſa fille à Nicolas fon nepueu, & met Ferry fon mary en qualité, non pas de Duc, mais en qualité de mary de la Du-cheffe. Le Lecteur curieux en pourra auoir les preuues dedans l'Autheur auquel ie le renuoye.

Outre ces preuues Hiftoriales, nous trouuons vne folennelle & authentique approbation de la fuccef-fion des femelles à la Duché de Lorraine, dans vn titre datté de l'an mil trois cens fix, ou l'Euefque de Thoul declare, que Regnault de Bourgongne, Comte de Montpligart, Iean Seigneur de Salm, Iean fieur de Bayon, Iean fieur de Pulligny, Pierre fieur de Remonille, Richard d'Amance, Hugard de Geroncourt, & plufieurs autres Gentilshommes vaf-faux du Duché de Lorraine, ont attefté en prefence de Thibaut Duc de Lorraine & dudit Euefque, &

protefté , que la Couftume de Lorraine obferuée de tout temps imme-
morial eft, que les filles fuccedent in-
differemment audit Duché à leurs
Peres , comme les mafles à l'exclufion de tous autres lignagiers.

Dans le Contract de Mariage du
Prince Charles , & de la Princeffe
Nicole , où noftre efcriuain ne dif-
cônuient pas , qu'elle eft reconnuë
vraye heritiere des Duchez de Lorraine & de Bar; & mefmes il y a clau-
fe expreffe, qui porte que les bagues
de la Couronne de Lorraine n'entre-
ront point dans la communauté,
mais demeureront en propre à la
Princeffe Nicole : & ce Contract eft
dautant plus authentique & confide-
rable, qu'il fut paffé en prefence, &
du confentement de tous les plus
proches Princes du fang de Lorraine,
qui n'ignoroient point le droict fuc-

ceſſif, & qui meſmes y auoient le principal intereſt.

Dans le Teſtament de Henry II.
Pere de Madame la Ducheſſe de
Lorraine, en datte du quatrieſme
Nouembre 1621. Et reconnu le di-
xieſme dudit mois & an, pardeuant
Vignoles Notaire du Duché de Lorraine, en preſence de Briet & Ger-
mini teſmoins : l'article ſeptieſme
porte ces mots. (Et commandons à
noſtre tres-chere heritiere ma fille,
d'aymer ſon mary, de le ſeruir &
honorer comme elle doit pour
eſtre ſon mary. Mais ie l'admoneſte,
qu'elle eſt Ducheſſe, & que tout le
bien vient d'elle, & qu'elle ne ſe laiſſe
point gourmander, & que toutes
choſes ſe faſſent, premierement par
elle, ou conjoinctement enſemble,
eſtant touſiours la premiere, comme
eſtant mon heritiere de tous mes
Duchez.   G iij

Si l'on veut reietter ce tefmoignage comme fufpect, & dire que le Pere
vouloit contre raifon attribuer à fa
fille , tant par contract de Mariage,
que par Teftament, vn droit qui ne
luy appartenoit pas : Madame de
Lorraine a efté reconnuë pour legitime heritiere des Duchez de Lorraine & de Bar, par les Eftats du païs,
non feulement du viuant du Pere,
mais encor apres fa mort. Que fi lef-
dits Eftats cedans à la violence & à
l'authorité du Prince dominant, ont
depuis confenty l'eftabliffement de
la Loy Salique ; ils n'ont pas pû def-
roger à vn droict acquis, & defia reconnu par eux-mefmes, & cette va-
riation porte fa nullité. Mais que
peut-on alleguer contre la recognoif-
fance propre de Monfieur de Lorraine apres la mort de Henry I I. lequel ratifiant les claufes de fon Te-

ftament en ce poinct aussi bien comme celles du Contract de Mariage
d'entre luy & la Princesse de Lorraine, la faisoit nommer conjoinctement auec luy, dans toutes les Paten-
tes, comme Duchesse & Souueraine, en ces termes, Charles par la grace de Dieu, &c. Et Nicole, Ducs &
Duchesse de Lorraine. Comme jadis en Castille Ferdinand & Yza-
belle: Nous en auons plusieurs. Et
entr'autres vne dattée du douziéme
Iuin, mil six cens vingt-cinq ; Signée
aussi Charles & Nicole. Par laquelle
leurs Altesses reçoiuent à foy &
hommage par procureur, Iean Lo-
pe Gallo, de la moitié de la haute,
moyenne, & basse Iustice, par luy
possedée dans la Lorraine, du lieu
nommé d'Anoux-la-grange, & du
Moulin de Vuagueuille, auec main-
leuée qui luy est accordée des saisies

Feodales, faites à la requefte du Procureur General de Lorraine. La grace donnée audit nom conjoinde-
ment de Charles & Nicole, au fieur
de la Roche Barrifien, de l'enterine-
ment de laquelle il y euft appel au
Parlement de Paris, qui fe trouue encor dans les Regiftres de ladite Cour,
eft vn authentique tefmoignage de
ce que i'allegue, & quantité d'autres
femblables, qui font entre les mains
de Madame de Lorraine, dont on feroit vn trop gros Inuentaire , &
dont le dénombrement feroit en-
nuyeux aux lecteurs ; Auffi fe con-
tentera-elle d'en alleguer vn petit
nombre, fauf à en produire dauantage en temps & lieu : La monnoye
qui à efté frappée au coing de Charles & Nicole, ne fe peut pas dénier,
& fi les coins en ont efté changez, la
monnoye demeure encor en nature,

la

la memoire des hommes n'eſt pas perduë, & s'en trouuera encor mille teſmoins.

De l'eſclairciſſement de cette premiere queſtion dépend à mon aduis la déciſion de la ſeconde. Car Monſieur de Lorraine eſt trop habile, & trop bien conſeillé pour demander apres cela la diſſolution de ſon mariage, qui ne ſe peut faire ſans luy oſter la Souueraineté. Il ne faut pourtant pas s'atacher ſi fort à cette conſequence, encore qu'elle ſoit neceſſaire en bonne Logique, que nous ne répondions aux raiſons ſophiſtiques de noſtre faiſeur de Manifeſte. Premierement à celles qu'il allegue contre la ſucceſſion des femelles au Duché de Lorraine; & puis apres à celles qu'il donne de la pretenduë nullité du mariage contracté entre le Prince Charles & la Princeſſe Nicole, qui eſt

H

aujourd'huy Ducheſſe de Lorraine; Suiuons-les par ordre, & deffaiſons ces trouppes à meſure qu'elles s'aſſemblent.

I. Ce n'eſt pas choſe eſtrange qu'vn Pere ayme ſes enfans , qu'il deſire leur conſeruer ſa ſucceſſion, & qu'elle tombe entre leurs mains pluſtoſt qu'en celles d'vn eſtranger. Ie croy que le Duc Henry ſouhaitta, que la Princeſſe Nicole recueilliſt la ſienne en effect comme elle deuoit faire par raiſon, puis qu'elle eſtoit fondée au meſme droict, qui auoit fait, auparauant elle, porter la Couronne Ducale à Iſabeau & à Yoland. Il n'auoit pas beſoin d'vſer de violence pour faire reuſſir ſon deſſein , puis que de ſon viuant elle auoit eſté recōnuë & declarée ſon heritiere. Ceux qui ont connu la douceur & la bonté de ce vertueux Prince, qui ne fit

iamais mal à perſonne, & qui ſouuent
a relaſché de ſon authorité de peur
d'eſtre obligé de s'en ſeruir au dom-
mage de ceux qui la chocquoient,
meſmes dans l'Aſſemblée des Eſtats
de ſon païs , & qui ſe rendoient en
cela comme Chefs de party, ne l'accu-
feront iamais d'auoir voulu perdre
ſon frere. Ie confeſſe qu'il prenoit
grand plaiſir à eſleuer ſes ſeruiteurs:
mais ce ne fut iamais par la ruine du
moindre de ſes ſubjets.

I I. Ie ſçay bien que Dieu eſt le
Dieu des Batailles, qu'il tient la victoire entre ſes mains, & qu'il la donne à qui il luy plaiſt. Mais la victoire
n'eſt pas touſiours vn Arreſt du Ciel,
qui prononce la Iuſtice de la cauſe du
vainqueur ; ſouuent Dieu permet
que le iuſte party ſuccombe par des
ſecrets motifs de ſa prouidence, qu'il
ne nous eſt pas permis de penetrer.

tefmoin quand l'Arche de l'Alliance tomba au pouuoir des ennemis de fa Loy : tefmoin quand Dauid fut chaffé par fon fils Abfalon : tefmoin les mauuais fuccez des armes de S. Louis dans la Turquie , tefmoin la deffaite du Roy Don Sebaftien de Portugal par les Maures d'Afrique. Mais tant s'en faut que de la victoire obtenuë par Anthoine & Ferry l'on puiffe tirer vne confequence fauorable pour la caufe que fouftient noftre efcriuain, qu'au contraire elle eftablit puiffamment le droict de Madame de Lorraine , & la fucceffion des femelles: Puis que René d'Anjou, nonobftant fa prifon , ne laiffa pas au préiudice des pretentions d'Anthoine, de r'entrer en la paifible jouïffance du Duché de Lorraine du confentement de fon ennemy vainqueur.

III. Nous auons prouué affez

clairement cy-deſſus, par le commun
conſentement de tous les Hiſto-
riens que ce fut Yoland , qui fut
Ducheſſe de Lorraine , & qui ſucceda à Nicolas ſon nepueu , & non pas
Ferry;&que le DucRené ſucceda à ſa
mere Yoland, par la demiſſion qu'elle luy fit, & non pas à Ferry ſon pere,
puis que Ferry ne fut iamais Duc ny
d'effet ny de droict.

I V.   Ie laiſſe à part ce qu'alleguent
quelques-vns contre le Teſtament du
Duc René,qu'ils arguent de faux,par
des raiſons aſſes probables , tirées de
la comparaiſon du langage du temps
duquel il eſt datté,auec celuy auquel
il eſt conceu , où l'on remarque vne
notable difference ; Mais ſuppoſé le
Teſtament veritable ; qui ſe pourra
perſuader qu'vn Souuerain par ſon
Teſtament ayt pouuoir d'alterer les
loix fondamentales de ſon Eſtat , &

H iij

de changer la forme de la fucceſſion?
Penſez vous qu'il fût en la puiſſance
du Roy d'Eſpagne, ou de celuy d'Angleterre, de declarer par Teſtament
les filles inhabiles à fucceder à leurs
Couronnes, & d'y eſtablir vne Loy
Salique comme en France?

V. De dire que le Duc René a reconquis ſon Eſtat l'eſpée à la main, &
que par là il s'eſt acquis droit d'y
changer les loix, & d'y en eſtablir telles qu'il luy plairoit, cela eſt ridicule;
Car ce n'eſt pas vn conquerant qui
ait aſſujetty les vaincus à de nouuelles
loix pour peine de leur reſiſtance; ou
ſes ſujets rebelles & reuoltez pour
chaſtiment de leur deſobeïſſance.
C'eſt vn Prince dechaſſé de ſon Eſtat
par ſes ennemis, qui à l'ayde de ſes
Alliez, & de ſes ſujets eſt remis en la
poſſeſſion de ſon bien. Deſorte que
ſon reſtabliſſement ne doit pas ap-

porter de la peine à ceux qui luy ont aydé à recouurer son Estat; & ne seroit pas iuste, que pour l'auoir seruy, ils se trouuassent decheus de leurs priuileges. Ie confesse que la condition des sujets ne seroit pas beaucoup empirée pour estre la succession reduite aux masles; Mais tout changement de consequence, comme celuy là, blesse en quelque sorte la fantaisie des peuples, & diminuë quelque chose de leur estime dans l'opinion de tout le monde. Les Espagnols prendroient aussi tost les armes pour empescher cela, comme firent jadis les Arragonois pour la conseruation de leurs priuileges.

VI. Le consentement des Estats en vn estat Monarchique depend de la volonté du Souuerain, & se change tout ainsi qu'il luy plaist, specialement en Lorraine. Nous en auons

sein auroit-il fait ce Testament ? seroit-ce en haine de sa fille , & à dessein de fauoriser son frere au préiudice de ses enfans ? Cela n'a point
d'apparence : seroit-ce par vne igno-
rance de son droict, & par vne er-
reur commune ? il n'estoit pas si es-
loigné du temps de Yoland , qui
estoit sa grand mere, qu'il ne sceut
bien, qu'elle auoit esté Duchesse de
Lorraine , & que sa fille ne deuoit
pas estre de pire condition.

La verité, ou faulseté de la seconde
Maxime posée par nostre Escriuain
touchant la prétenduë nullité du mariage d'entre Charles Prince de Vaudemont & de la Princesse Nicole,
qui est maintenant Duchesse de Lorraine, s'esclaircira par la decision des
questions suiuantes. Sçauoir si vn
mariage bien & deuëment celebré,
auec dispence à cause de la parenté

des parties, peut eſtre declaré nul? Si l'vne des parties apres la cohabitation de ſeize annees, qui a ratifié ſon conſentement eſt receuable à propoſer des moyens de nullité? Si le mary du viuant de ſa femme ſe peut remarier legitimement à vne autre en ſecondes nopces? Si les enfans de ſecond mariage peuuent eſtre legitimes, & ſucceder aux biens paternels de la premiere femme? I'en laiſſe la concluſion au Lecteur, laquelle à mon aduis n'aura pas beaucoup de difficulté. Reſpondons maintenant aux moyens de nullité que l'on nous allegue.

Ce que l'on met en auant des pratiques qu'on dit auoir eſté faites des Rois & Princes voiſins, par Henry II. eſt auſſi peu veritable comme il eſt mal prouué. Mais ie demanderois volontiers à noſtre bel

efcriuain vn exemple de quelqu'vn
exterminé pour s'eftre oppofé à la
grandeur du Baron d'Anceruille
(ainfi qu'il met en auant) ie luy donne autant de temps pour m'en produire vn , comme aux Mathemati-
ciens , pour trouuer la quadrature
du cercle , ou le mouuement perpetuel.

L'on ne doit point déterrer les
morts , & ne faut iamais bleffer la
memoire d'vn grand Prince, duquel
nous ne deuons parler qu'auec honneur & refpect; cela m'empefchera
d'efclaircir dauantage ce qui fe paffa
en la mort violente de celuy que
noftre Autheur qualifie miniftre de
la faction contraire. La memoire en
eft encor fi recente, & les motifs fi
connus;& tant de tefmoins font encor au monde qui en peuuent dépo-
fer, qu'il eft mal-aifé de déguifer vne

verité, dont les preuues sont aussi claires qu'il est euident, que le mort, & celuy qui le tua, n'eurent iamais autre different ensemble que les differentes passions de leurs maistres. Malaisément trouueroit-on vn homme qui n'eust de vifs ressentimens d'vn pareil mal-heur arriué à vn de ses amis pour son sujet. Et moins encor vn Souuerain, qui l'eust souffert, sans venger l'iniure qui luy seroit faite en la personne d'vn de ses seruiteurs.

Il est vray que le Duc Henry porta cela fort impatiemment, & qu'il s'en picqua contre son frere que la voix publique en declaroit l'autheur. Mais tout cela demeura dans le cœur des deux freres; & tant s'en faut que la chose ayt passé entr'eux iusques à quelque dangereux effect, qu'elle n'arriua pas seulement ius-

ques à aucune aigreur de paroles. Ie
ne fçaurois affez m'eftonner de la
fable que l'on allegue de la Comteffe
de Vaudemont, laquelle l'on préfu-
pofe que le Duc Henry à la fufcita-
tion du Baron d'Anceruille, voulut
faire affieger dans vne de fes maifons:
& qu'à cét effect l'on auoit commandé des gens de guerre , & mefmes du canon , & que cette violence
fut arreftée par le confeil des plus
fages qui approchoient le Duc, lefquels luy firent connoiftre le danger qu'il y auoit d'vn foûleuement
du peuple. Et cependant il n'eft rien
fi veritable, que lors que le Colonel
Lutzebourg fut tué, la Comteffe de
Vaudemont eftoit à Nancy: Et qu'à
l'inftant que les nouuelles de cette
mort luy furent apportees , elle enuoya querir vne Dame des plus con-
fidantes feruantes de la Ducheffe,

nommée Madame d'Amenty ; laquelle elle conjura d'aller trouuer ladite Duchesse de sa part , & de l'as-
seurer, que ny elle, ny la Comtesse de
Salme sa mere n'auoient aucunemēt
trempé au dessein de cette mort.
Cette action fut si publique & con-
nuë de tant de gens qui sont encor
pleins de vie, que leur déposition fera foy de mes paroles : & particulierement ladite Dame d'Amenty, dont
le témoignage est dautant plus receuable, que sa probité , & le vœu
qu'elle a fait à Dieu dans la Religion
où elle vit tres-exemplairement, l'e-
xempte de tout soupçon.

Il est est vray que dans la premiere rumeur que fit cette nouuelle in-
opinée de la mort de Lutzebourg:
l'on proposa d'aller assieger ceux qui
l'auoient tué, lesquels on disoit s'estre
retirez dans vn Chasteau nommé

Rup appartenant au Comte de Vaudemont, & que le deſſein fut chan-
gé par l'aſſeurance que l'on eut depuis de la fauſſeté de cét aduis. Et
c'eſt là le fondement veritable ſur
lequel noſtre eſcriuain baſtit l'apparence de la fauſſeté qu'il veut éſta-
blir pour vne verité dans l'imagina-
tion de ceux qui n'ont pas eu con-
noiſſance des affaires : Mais il falloit
attendre vn temps plus eſloigné des
preuues, pour imprimer cette creance, qu'il eſt ſi aiſé de deſtruire.

L'on dit ordinairement, que l'on
pardonne plus difficilement les of-
fences que l'on fait, que celles que
l'on reçoit ; cela fut cauſe que le
Comte de Vaudemont ſe retira en
Bauieres, pluſtoſt qu'aucun mauuais
traittement qu'il euſt receu du Duc
Henry. Le Duc de Bauieres, chez
qui le Comte de Vaudemont s'eſtoit
retiré,

retiré, eſt vn bon & fidel témoin de ce qui s'eſt paſſé dans le Mariage dont eſt queſtion; Il eſt Prince digne d'eſtre creu autant pour ſa probité comme pour ſa qualité. Il ne deſauouëra point qu'à l'inſtante priere du Comte de Vaudemont, il en a fait les premieres inſtances, qu'il les commença long-temps auparauant le ſuſdit voyage du Comte de Vaudemont dans ſes Eſtats; qu'il les continua pluſieurs années auant que vaincre la reſiſtance qu'y faiſoit le Duc Henry ſon beau-frere; qu'à cét effet il enuoya vers luy vn Carme Deſchauſſé Eſpagnol, nommé le Pere Dominicque, lequel apres s'eſtre acquis reputation de Prophete en la bataille de Pragues, ſe ſeruit de toutes ſortes de perſuaſions, & employa tous moyens diuins & humains, iuſques à alleguer des reuelations, & à menaſſer le Duc

de la part de Dieu qu'il mourroit
dans vn an s'il n'accompliſſoit ce mariage.   Apres qu'auec beaucoup de
peine il euſt tiré le conſentement du
Duc Henry , il preſſa l'affaire auec
tant de violence , que ſur la difficulté
que fit l'Eueſque de Thoul de marier
ſans diſpence le Couſin germain
auec ſa Couſine , il aſſeura qu'il eſtoit
porteur de la diſpence, que le Pape
luy auoit donnée de viue voix ; & ne
trouuant pas l'Eueſque aſſez credule
pour paſſer outre ſur la parole d'vn
Moyne, luy meſme les maria. Ce qui
fut cauſe que depuis l'on obtint la
diſpence de Rome en bonne forme
en vertu de laquelle le meſme Eueſque de Thoul celebra le mariage tout
de nouueau auec les ceremonies re-
quiſes, lequel en ſuite fut conſom-
mé. Tout ce diſcours dont la verité
ne peut eſtre debattuë , eſt bien peu

compatible auec ces craintes legitimes, que noftre bel Efcriuain dit
auoir efté l'efpace de plus de douze
ans maiftreffes de l'efprit de Monfieur de Lorraine, & auec les violen-
ces dont il pretend, que le Duc Henry fon Oncle fe feruit pour forcer fes
inclinations. Ie ne veux pas nier, que
la crainte de perdre vn Eftat Souuerain ne fe doiue mettre au rang de
celles qui peuuent ébranler le coura-
ge d'vn homme bien refolu: mais cela
s'entend de la crainte de perdre vn
Eftat qui eft legitimement à nous, ou
en effet, ou à iufte tiltre de pretention, & non pas de celuy qui appar-
tient à vn autre, que nous aurions
deffein de nous approprier. Le Prince
Charles ne pouuoit donc auoir fujet
d'apprehender ce qu'allegue le mauuais defenfeur de fa caufe, que lon
mift fon droict en compromis, veu

qu'il n'en auoit aucun à la Duché de Lorraine qu'en defir & en l'efpoir de fon futur Mariage.

Le Comte de Vaudemont fon Pere n'ignoroit pas tout cela, & comme il eftoit habile & ambitieux, il ne laiffa en arriere aucun moyen de tous ceux qu'il iugea neceffaires pour arriuer à fa fin. C'eft pourquoy afin de gagner le fauory, il luy offrit de luy faire ef-poufer la Princeffe Henriette fa fille, pourueu qu'il fit agreer au Duc Henry celuy de la Princeffe Nicole fa fille, auec le Prince Charles fils dudit Comte; luy promit en outre de con-fentir qu'il oftaft la barre de fes Ar-mes, & qu'il prift qualité de Prince: & que l'on feroit les deux mariages au mefme iour. Toutes les parties con-tractantes en firent paroiftre beau-coup de contentement excepté la Princeffe Henriette qui par le confeil de Madame ſa Mere, teſmoigna d'y auoir tant d'auerſion, qu'elle ſe jetta dans vn Monaſtere, d'où elle ſortit pourtant au bout de deux iours, & ſe maria ſans aucune reſiſtance. S'il y euſt eu lieu à faire les proteſtations qu'allegue noſtre Eſcriuain, c'eut eſté de la part de cette jeune Princeſſe, ce qui pourtant n'ayant eſté fait, malaiſément croira-on que dans l'excez de ioye qui paroiſſoit ſur le front du Comte de Vaudemont, il en euſt fait faire vne à ſon fils pour eſſayer de diſſoudre quelque iour vne alliance laquelle il auoit eu tant de peine à faire reüſſir. Quand on aura veu ces pretendus actes de proteſtation, l'on y reſpondra : Mais auant que parler de leur validité, ou inualidité, il faut eſtre d'accord de leur eſtre, dont iuſques icy l'on ne conuient nullement, encor qu'il ſe trouue en ce ſiecle des

K iij

efprits affez inuentifs, & des mains
affez fubtiles pour en fournir à point
nommé de telle datte qu'il fera be-
foin. Cela eft bien eftrange, que ces
proteftations ayent efté fi fecrettes,
que depûis quinze ou feize ans qu'elles deuroient auoir efté faites, iamais
l'on n'en ait ouy parler. Encor du viuant du Duc Henry, la raifon en eft
aucunement legitime: depuis fa mort
iufques à la reftitution des Places faite par le Prince de Phaltsbourg, il y
a quelque probabilité : Mais depuis
que le mafque fut leué par la declaration de la pretenduë Loy Salique,
que lon fit publier en Lorraine les
armes à la main, & depuis que Monfieur de Lorraine extorqua par puiffance de mary vne ceffion de Madame fa femme de tout le droit qu'elle
auoit en la Souueraineté : & que
pour le refus que fit Madame la Prin-

ceſſe Claude ſa ſœur de ſigner la meſme renonciation, l'on eut mis des gardes aupres d'elle qui la ſui-uoient par tout où elle alloit; ie ne comprends pas la cauſe d'vne plus longue diſſimulation. Car pour la Du-cheſſe Doüairiere elle n'eſtoit plus en aucune conſideration dans l'Eſtat, hors celle que ſa vertu & ſa qualité luy donnoient. Elle n'auoit plus au-cune part dans les affaires, elle n'auoit aucun pouuoir dans les chaſtimens, ny dans les recompenſes : elle auoit hautement fait éclater ſon meſcon-tentement, de ce que l'on vouloit oſter à ſes filles ce que la naiſſance leur auoit donné : de ſorte que l'ex-cuſe que l'on prend ſur elle paroiſt friuole dans ſon allegation. Et puis tout cela fut fait deux ans apres la mort de Henry I I. Ouy, mais dit noſtre anonyme, le Roy de France

dés le commencement de l'aduene-
ment de Monſieur de Lorraine à la
Couronne , a tant exercé d'actes
d'hoſtilité contre luy , que cela luy a
empeſché de declarer ſes intentions?
Ou noſtre Eſcriuain a mauuaiſe memoire , ou il fait grand fondement
ſur le defaut de la noſtre ; ie le prie
pourtant de ſe ſouuenir , que le Prince Charles auoit eſté nourry pres de
ſa Majeſté auec tant d'agréement,
qu'il fut capable de donner jalouſie
à ceux qui approchoient le plus pres
de ſa perſonne ; qu'auſſi toſt apres la
mort du Duc Henry , ſa Majeſté enuoya pour Ambaſſadeur vers luy vn
de ſes plus confidens ſeruiteurs auec
des teſmoignages de bonne volonté
au delà du commun , qu'il fut receu
en la Cour de France , non pas comme vn Prince Eſtranger , mais comme vn Enfant de la maiſon : Et que
les

les actes d'hoſtilité arriuez pluſieurs annees depuis, pour les cauſes qui ne ſont ignorees de perſonne, ne pouuoient pas alors agir ſur l'eſprit de Monſieur de Lorraine, ſi ce n'eſt pour vne preuiſion de l'auenir, ou par vne reuelation des choſes futures.

Mais quand toutes ces allegations par moy deſtruites, ſeroient auſſi veritables qu'elles ſont ſophiſtiques, ie ſçaurois volontiers quelle raiſon cachée a pû empeſcher Monſieur de Lorraine depuis quatre ou cinq ans qu'il eſt deſpouïllé de ſes Eſtats, & qu'il n'a plus rien à craindre que ſon malheur trop aſſeuré : quelle cauſe, diſ-je, l'a empeſché de faire la declaration qu'il fait aujourd'huy ſur la prétenduë nullité de ſon Mariage ? Et comment cela ſe peut accorder auec pluſieurs lettres pleines d'affection conjugale, & de teſmoignages de

L

bonne volonté qu'il a eſcrites à Ma--
dame ſa femme depuis qu'elle eſt à
Paris, & qu'elle garde precieuſement
pour les produire en temps & lieu, &
pour faire rougir noſtre Eſcriuain de
ſes impoſtures ? Il ne faut pas beaucoup reſuer pour trouuer la cauſe de
ce deſordre. L'amour qu'il a conceu
pour la Comteſſe de Cantecroix a
cauſé tout ce changement, & à pro-
portion de ſon embrazement, les fu-
mees ſe rendans plus époiſſes, ont mis
vn bandeau deuant les yeux de ce
grand Prince ; & les inductions
eſtrangeres ont emporté ſa volonté
par vne violence de paſſion à laquelle il n'a ſceu reſiſter, & dont
ſans doute il a du regret en ſon ame.

C'eſt icy que Madame de Lorraine demande aux Caſuiſtes de Monſieur ſon Mary, ſi ayant auoüé pour
ſien vn enfant de la Comteſſe de

Cantecroix, conceu du viuant de feu son mary, il peut le faire declarer legitime? C'eft vn cas de confcience, qui a bien du rapport auec celuy fur lequel Augufte confulta iadis par mocquerie les Pontifes (dit l'Hiftoire Romaine) lors qu'il enleua la femme de Tybere ; fçauoir fi legitimement il la pouuoit efpoufer tandis qu'elle eftoit encor groffe de fon premier mary ? Elle les prie donc de l'efclaircir par quelque nouueau Canon; ils ont trouué que les enfans de la Comteffe de Cantecroix doiuent fucceder aux biens du Pere de Nicole de Lorraine.

Certes ce feroit ouurir vne dangereufe porte au mefpris des Sacremens, fi au bout des feize ans l'vn des conjoints eftoit receu à alleguer des moyens de nullité contre fon Mariage. Quand vn mary feroit las de fa

femme, il luy feroit facile de s'en deffaire : fi vne femme deuenoit amou-
reufe d'vn eftranger , ce feroit affez
pour poffeder fon galand de dire
qu'elle n'a iamais confenty ; cela s'accorde mal auec la doctrine de S. Paul,
qui nous prefche, que la femme eft
fubjette à la loy de fon mary, tant &
fi long-temps qu'il eft en vie. Entre
ces deux contrarietez le party n'eft
pas mal-ayfé à prendre au Chreftien
qui veut faire fon falut ; & qui ne
cherche pas des Docteurs qui luy
chatouïllent les aureilles. Si l'on me
dit que Madame de Lorraine a re-
noncé à fes pretenfions fur la Souueraineté de Lorraine en faueur de
Monfieur fon mary ; & que partant
il peut difpofer de ce qui luy appar-
tient à iufte titre en vertu de cette renonciation. Ie payeray de deux ref-
ponces.

La premiere, que par toutes les rai-
fons de droict les auantages qu'vne
femme fait à fon mary font nuls, &
qu'eftant en fa puiffance , telles re-
nonciations ne font, ny legitimes,ny
volontaires, ny valables.   La fecon-
de, que cette refponce eft vn adueu
manifefte que la Souueraineté ap-
partient à Madame de Lorraine, &
non pas à Monfieur fon mary , lequel a voulu appuyer de ce titre co-
loré fes prétentions mal-fondees. Il
en a donné vne bien plus claire preuue, quand par fon Contract de Mariage Madame la Princeffe Nicole eft
declarée préfumptiue heritiere des
Duchez de Bar & de Lorraine : Et
quand dans le mefme Contract il a
fait ftipuler, qu'arriuant que la Princeffe Nicole vinft à prédeceder fans
enfans iffus de leur Mariage; en ce cas
il efpouferoit la Princeffe Claude fa

L iij

sœur, dont la difpence fut obtenuë en mefme temps à fon inftance, de luy & du Comte de Vaudemont fon Pere. (Auffi eftoit-ce leur intereft,& non celuy de la Princeffe Nicole.)

Les arguments font puiffans : mais ce qui fe paffa à Iaruille lors de la grande maladie de Monfieur de Lorraine, leue toute forte de doute. Ce fut lors que touché d'vn mouuement de confcience, digne d'vn Chreftien, d'vn homme de bien , & d'vn vertueux Prince tel qu'il eft, il chargea vn homme de grande qualité de demander pardon à Madame fa femme du tort qu'il luy auoit fait, d'auoir tiré d'elle la fufdite renonciation, & la declaration des Eftats au préiudice de fes droicts; Proteftant ne s'en vouloir iamais feruir. Et de plus, de la remettre en l'eftat auquel elle eftoit audarauant, fi Dieu luy redonnoit fa

fanté. Ce remords le toucha fi viue-
ment, que fe croyant preft à mourir,
dans l'apprehenfion qu'il eut de n'a-
uoir pas le loifir de fe confeffer ; il
pria la mefme perfonne de fe confeffer pour luy de ce peché là qui luy
preffoit la confcience. C'eft-elle que
i'interpelle fur cette verité. Il demeura fi ferme dans cette penfée , que
fans doute il auroit effectué ce qu'il
auoit promis, fans la forte oppofi-
tion que fit le Comte de Vaudemont à fes iuftes refolutions, dont
encor eut-il bien de la peine de le di-
uertir, & par prieres, & par perfua-
fions,& par l'authorité paternelle. Il
y a encor plufieurs tefmoins dignes
de foy, tous pleins de vie,qui ont ouy
la Comteffe de Vaudemont à fa
mort faire tout hautement fes proteftations à Madame de Lorraine,
qu'elle n'auoit iamais confenty au

tort qu'on luy auoit fait , qu'elle n'en eſtoit point complice , qu'elle s'en alloit au Ciel innocente de cette iniuſtice , & qu'elle n'auoit iamais reconnu , ny ne reconnoiſtroit iamais autre Souueraine qu'elle. Ie parle à perſonne qui m'entende bien , & que ie prends pour ſeul iuge en cette cauſe.

C'eſt vne haute effronterie de mettre en auant, qu'il ayt eſté beſoin de l'authorité du Souuerain , & des menaces du Pere pour faire , que Monſieur & Madame de Lorraine s'aprochaſſent l'vn de l'autre. Toute la Lorraine ſçait qu'ils ont eſté plus de huiɛt ans ſans iamais découcher d'enſemble, ſi ce n'a eſté par maladie. I'auoüe que Monſieur de Lorraine a fait pluſieurs voyages en France pendant ce temps là , mais ils ont eu tous des cauſes legitimes connuës de

ceux

ceux qui ont eu part dans les affaires,
& n'ont pas esté des prétextes imagi-
naires, comme l'on suppose, pour
s'éloigner d'vn objet qui luy estoit
odieux. Il feroit ayfé de faire toucher
cela au doigt à qui voudroit entrer
dans le détail. Mais il faut aduoüer,
que noftre Anonyme est trop offi-
cieux de fe mefler fi auant des affaires d'autruy fans commiffion : &
qu'il est mauuais deuin des intétions
de Madame de Lorraine. Elle le prie
de ne point fe mefler de iuger de fes
penfees, auffi bien il y reüffit fort mal;
il fe doit contenter d'expliquer celles
de fon Maiftre s'il en a cómandemét.
Mais pour ne laiffer plus aucun lieu
de douter, ny à luy, ny à qui que ce
foit : elle veut que tout le monde fça-
che, que c'est vne impofture mali-
cieufement controuuée de dire, que
iamais fon deffein ait esté, de rompre

M

auec Monſieur ſon mary. Qu'elle l'a
touſiours aymé, chery, & reſpecté
autant que Dieu le luy commande,
& que ſon deuoir l'y oblige. Et que
ſi elle a peché en quelque choſe de ce
coſté là, ç'a eſté plutoſt par excez,
que non pas par deffaut. Sa conduite
& ſes actions depuis ſon malheur
ont eſté expoſées aux yeux de tout
l'Vniuers. Eelle en attend le reproche
de ſes ennemis, & le teſmoignage
de tous les gens de bien; Et ſpecialement des Ambaſſadeurs des Princes
eſtrangers, qui ont reſidé en cette
Cour depuis ſon ſejour à Paris; Au
reſte elle auroit grand tort de deſa-
uoüer la Declaration qui ſe publie
ſous ſon nom, puis qu'elle l'a ſignée
de ſa main, qu'elle y a fait appoſer ſon
ſceel, & qu'elle ne contient rien qui
ne ſoit tres-veritable, & qu'elle ne ſe
ſoit trouué obligée de mettre au iour

pour la deffence de son honneur. Ie
voudrois bien que nostre Escriuain,
expliquast en quels termes sont con-
ceuës ces iniures dont il publie que
la Declaration de Madame de Lorraine est remplie. Pour moy, ie n'y
en trouue pas vne, s'il ne pretend, que
contredire les desseins de quelqu'vn
ce soit l'iniurier. Il est vray que
son raisonnement est tellement hors
du commun que mesmes on a peine
d'y trouuer le sens commun. Quand
ce ne seroit, qu'en ce qu'il dit, que
cette Declaration est contre l'honneur de cette Princesse, C'est vne
pensée bien delicate. Vne femme
mariée en face d'Eglise, par vn Eues-
que, auec dispence du Pape, qui a
demeuré douze ans & plus auec son
mary ; voit son mariage attaqué de
nullité, voit son mary espouser visi-
blement vne autre femme, & main-

tenir ce fecond mariage valide; voit
qu'il pretend que les enfans pro-
crées de ce prétendu fecond mariage fuccedent à fon préiudice aux
biens qui luy appartiennent de la fucceffion de fon Pere. Elle a tort, dit
ce bel Efcriuain, de s'en plaindre, &
les plaintes qu'elle fait bleffent fon
honneur. Ie le conjure de m'in-
ftruire par quelle nouuelle Logique
il tire cette confequence. Ce beau
raifonnement me fait fouuenir de ce
que i'ay veu arriuer en France durant
la minorité du Roy Louis le Iufte
prefentement regnant. Les Princes
mal contans auoient pris les armes
contre luy, fous pretexe du bien
public. Ils auoient auec eux vn
Officier de la Couronne qui eftoit
le principal conducteur de leurs def-
feins, lequel ayant fait prifonnier de
guerre vn Capitaine du Regiment

de Nauarre, luy fit de grandes re-
monftrances, l'accufant de mefcon-
noiffance, d'ingratitude, & de re-
bellion : iufques à luy vouloir perfua-
der qu'il portoit les armes contre fon
Roy & contre l'Eftat, & iufques à
le menaffer de luy faire faire fon pro-
cez fur ce fondement. Ces deux
difcours ont vn grand rapport l'vn à
l'autre, où l'innocent eft accufé du
crime mefme dont fon accufateur eft
coupable.

Madame de Lorraine a fouuent efcrit à Monfieur fon mary depuis
qu'elle eft en France, non fans quelque danger pour elle, qui demeuroit
dans les Eftats d'vn grand Roy, duquel il eftoit declaré Ennemy, & qui
pouuoit fonder fur cette communication des foupçons probables d'v-
ne plus importante correfpondance
contre le bien de fon feruice; & beau-

coup de gens ſçauent qu'on luy en a
fait de grands reproches. Cela s'ac-
corde-il auec ce qu'allegue noſtre Eſcriuain , que durant tant d'annees
Monſieur ſon mary n'a pas ſceu
tirer d'elle la moindre marque de ſon
ſouuenir? Si l'on m'accuſe en cela de
menſonge, les reſponces que Monſieur de Lorraine luy a faites , ſerui-
ront à ma iuſtification. Elle l'a creu
mort, dit-il , & n'a iamais eſté tou-
chée de douleur: quelle preuue nous
donnera-t'il de cette belle imagina-
tion, qui ſe deſtruit d'elle-meſme en
diſant qu'elle eſt fauce ? Par quelle
reuelation connoiſt-il ſes penſees?
Quelle marque nous donnera-t'il de
ſa prophetie miraculeuſe ? & quels
indices a-t'il de ce mauuais naturel
qu'il luy reproche. Qu'a fait, ou dit
cette Princeſſe pendant ce temps-là,
qui ſoit capable de la noircir d'vn tel

foupçon? Vne accufation fans apparence & fans fondement , comme
celle-là,ne tache pas la reputation de
l'accufée , mais retombe fur le vifage
du calumniateur, comme à ceux qui
crachent contre le Soleil. Enfin c'eft,
dit-il,vne pierre d'obftacle & vn pur
tefmoignage de fa mauuaife volonté,
de ce qu'elle empefche que fa Sain-
éteté ne prononce vn iugement fauorable en chofe qui importe le bien
des Eftats de Mófieur fon mary,& le
falut de fon ame : & cela eft vne marque du deffein perpetuel qu'elle a de
le defobliger. Voyons vn peu dequoy
il eft queftion : Monfieur de Lorraine pourfuit à Rome,de faire declarer
nul le mariage qu'il a contraété auec
elle, il y a feize ans,ou enuiron , & de
faire valider celuy qu'il a contraété
depuis auec vne autre:Elle s'y oppofe
& deffend fon honneur , eft - celuy

qui luy fait injure par ſes pourſuites,
ou elle qui l'offence par ſa reſiſtance?
Eſt-ce vne choſe à quoy elle ſe doiue
relaſcher par compliment? Quel nom
luy pourra-t'on donner apres , auoir
couché auec luy douze ans & plus,
ſi elle n'eſt point ſa femme ? Pour
les Eſtats , nous auons aſſez prouué
qu'ils ſont à elle, & non pas à Monſieur ſon mary. Ie ne comprens pas
en quoy elle empeſche le ſalut de l'a-
me de Monſieur de Lorraine, ſinon
en ce que tant qu'elle ſera au monde, la conſideration de ce qu'elle luy
eſt, augmente le peché qu'il commet
tous les iours auec celle, qu'à fauſſes
enſeignes il veut faire paſſer pour ſa
femme. Ie ne croy pas pourtant, que
pour euiter cét inconuenient elle ſoit
obligée à ſe laiſſer mourir. Mais
quand elle adhereroit au peché de
Monſieur ſon mary , & quand par
vne

vne vicieuſe complaiſance elle con-
ſentiroit à ce qu'il deſire, mettroit-
elle pour cela ſa conſcience plus en
repos ? Il ne ſe faut point flatter en
choſe de ſi grande conſequence? l'on
ne ſe mocque point de Dieu : Il co-
gnoiſt le fonds de noſtre cœur, &
iuge des choſes ſelon la verité de ce
qu'elles ſont, & non pas ſelon le
déguiſement que les hommes y veu-
lent apporter. Mal'heur ſur vous,
dit l'Eſcriture ſaincte, qui appellez
le mal bien, & le bien mal.

F I N.

9 782329 729770